46

I : 46.
5 338.

RÉFLEXIONS CRITIQUES

SUR LA RÉVOLUTION,

ET

SUR NAPOLÉON.

IMPRIMERIE DE Mme. V^e. PERRONNEAU,

quai des Augustins, n°. 39.

RÉFLEXIONS CRITIQUES

SUR LA RÉVOLUTION,

ET

SUR NAPOLÉON;

Sous les auspices de Son Ex. le Ministre de l'intérieur, et de M. le Comte d'Empire Préfet du département d'Indre-et-Loire.

A PARIS,

CHEZ LES MARCHANDS DE NOUVEAUTÉS.

Juin 1815.

RÉFLEXIONS CRITIQUES

SUR LA RÉVOLUTION,

ET

SUR NAPOLÉON.

———

LES fastes des nations se composent de choses étonnantes, parce qu'elles eurent toutes leur révolution, et que les grandes révolutions, en particulier, furent toujours remarquables par des évènemens qui tiennent du prodige. Qu'elles aient été le résultat de l'exaltation des idées, de la force du caractère national, de la fougue des passions, de l'enthousiasme de la gloire ou des efforts de l'ambition, le desir, la nécessité de sortir de l'oppression, firent toujours jaillir les premières étincelles de ce feu qui volcanise les têtes ; et quand l'incendie fut une fois allumé , il ne put s'appaiser qu'avec la réforme des abus du pouvoir , et les concessions exigées par la volonté générale. Voilà pourquoi , si les révolutions peuvent durer longtems par la lutte des partis , elles ne peuvent jamais rétrograder, et le peuple en masse doit entraîner la minorité des opposans , comme le soleil, par la force de l'attraction , fait tourner la terre autour de lui.

Les causes de la révolution de France sont connues : la licence effrénée de la cour , les intrigues scandaleuses qui marchent à sa suite, la dilapidation des richesses de l'Etat, l'avilissement du peuple , les abus du pouvoir , l'insolence de la noblesse, l'intolérance du clergé, la faiblesse du gouvernement, et plus que tout cela , les idées libérales répandues de toutes parts , rappellant à l'homme tout à-la-fois sa dignité et sa dégradation , lui firent desirer une nouvelle vie, un nouvel ordre de choses ; et cette autorité monarchique qui avait depuis trop longtems dépassé ses limites, fut le monstre à combattre. L'entreprise était difficile ; mais quand le cœur est ouvert à l'espérance , les

idées s'agrandissent , le sentiment de l'honneur , sur-tout, plus fort que toutes les institu-
tions antiques fondées sur les préjugés , com-
mande impérieusement à l'imagination qui ,
dans son ardeur , est le creuset de toutes les
ressources , de tous les moyens ; les bras s'ar-
mèrent , la liberté fut proclamée. Les droits de
l'homme parurent bientôt sous l'égide de la
raison des nations , de la force et du courage
de l'armée.

Ce passage subit des ténèbres à la lumière,
de la faiblesse à la force, de la servitude à la
liberté , de l'erreur aux vrais principes, fut ,
à la vérité , inséparable des excès , des désordres et même des crimes , dont le souvenir
déchire le cœur et fatigue la pensée ; mais les
excès , les désordres et les crimes sortirent encore, et pour la dernière fois , de cette source
impure , dont le feu sacré de la raison n'avait
pas purifié entièrement les eaux fangeuses ; et
si nous fûmes agités longtems encore , ce fut
une suite nécessaire des efforts de l'intrigue et
des convulsions du fanatisme expirant.

Mais à l'apparition de l'homme qui devait

défendre le peuple et ses droits, comprimer l'anarchie, régulariser l'élan du peuple vers la liberté, tout rentra dans l'ordre ; et une nation avilie pendant des siècles mérita un titre qu'elle ne perdra jamais, et dont elle se rend encore plus digne aujourd'hui, par le majestueux développement de son énergie.

Dix années entières se sont écoulées ; la machine politique a été réorganisée, l'orgueil national ne s'est pas démenti un instant, la gloire de l'armée a été à son apogée, sous les ordres d'un chef qui ne sut que gouverner, conquérir et pardonner à ses ennemis ; et c'est durant cette succession non interrompue de grandes actions, d'entreprises extraordinaires couronnées de succès constans, que la nation française a retrempé son âme ; qu'elle a recomposé son existence morale d'élémens nouveaux ; c'est aussi pendant tout ce tems, qui rappelle la gloire des Epaminondas, des Camille, des Fabius et des Scipions, qu'elle fixa l'attention de l'univers, qu'elle fut l'objet de la jalousie des autres peuples, qu'elle s'associa à la gloire de ses héros, qu'elle devint le levier puissant qui fit mouvoir à son gré l'Europe entière.

Pour arrêter la marche triomphale de l'armée, et retarder les heureux résultats que la nation devait naturellement en attendre, il ne fallut pas moins que de ces évènemens au-dessus de la prévoyance humaine : les ennemis en profitèrent ; et craignant encore, malgré leur nombre, d'échouer dans leur entreprise, ils s'asocièrent la trahison, qui seule causa tous nos maux. Mais c'est dans les momens difficiles, que l'homme vraiment grand, s'éloigne également et des fautes de la faiblesse, et des excès du désespoir ; c'est alors aussi que le héros est jugé. Autant au-dessus des revers de la fortune, que de ses ennemis, il cesse volontairement de régner, pour régner encore ; il renonce aux grandeurs, aux chances trop incertaines d'une lutte inégale ; il foule aux pieds le diadême, pour épargner le sang français, et en cédant au vainqueur, il est plus grand que s'il avait vaincu. Quel évènement ! quelle sensation ! quel sentiment de douleur ! L'armée prend le deuil, elle a perdu son général, son père. La nation est accablée, elle a perdu son chef ; elle répète sans cesse ces mots sublimes : *Il ne fut donc roi, que pour honorer la royauté.* Mais habituée aux grandes secousses, familiarisée avec la prospérité , la nation saura supporter ses malheurs ; semblable au peuple romain après une grande défaite , le peuple français conserve l'attitude d'un peuple libre ; sa patience sera mise à l'épreuve , il apprendra à souffrir sans se plaindre ; et l'armée fidèle à ses sermens , ne connaît encore que la discipline et l'honneur.

Lui fera-t-on donc un crime d'avoir alors concentré sa douleur ? mais les grandes douleurs sont muettes. Lui fera-t-on un crime de son attachement à celui qui la conduisit si souvent à la victoire ? il n'est pas plus facile de changer les affections de l'âme que le cours des astres. Lui fera-t-on un crime de la joie qu'elle fit éclater au débarquement miraculeux de son Empereur ? mais il est contre nature que des enfans n'aillent pas se jeter entre les bras d'un père, qu'ils avaient perdu, qu'ils retrouvent et qu'ils adorent. Lui fera-t-on encore un crime de seconder ses entreprises , de vouloir partager ses destinées ? mais le soldat français, tout couvert d'honneur et de gloire, n'a-t-il pas été un modèle de fidélité ? Enfin qui pourra l'empêcher de mourir s'il le faut en combattant avec lui ?

le sentiment d'amour, fondé sur la reconnais-
sance, est sans bornes.

Quand on entendit dans toutes les parties de
la France la trompette guerrière annoncer le
retour de l'Empereur, quelle fut notre position?
celle d'un homme auquel l'on rend la lumière
après l'avoir enseveli vivant dans le tombeau.
On n'ose encore s'abandonner à l'excès de la
joie, plus à craindre que celui de la douleur,
puisqu'il peut désorganiser le cœur et l'esprit :
on doute, on craint de caresser une illusion ;
mais sa marche, aussi rapide que l'éclair, vient
bannir toutes les craintes, ranimer toutes les
espérances ; et sa présence dans la capitale,
pleine de si grands souvenirs, en comblant tous
nos vœux, fait pâlir ses ennemis.

Aujourd'hui que nous avons pour garantie
des sentimens de ce grand homme, le passé, le
présent et l'avenir, quels sont donc nos intérêts
les plus chers? de rester Français; car, en butte
à la jalousie des peuples et des souverains, pou-
vons-nous conserver notre liberté et nos droits
sans les défendre? non. Que faut-il donc pour
résister et triompher? un chef habile qui sache
faire respecter le nom français, conserver son

territoire, préserver du meurtre nos pères, nos femmes, nos enfans, sauver nos propriétés menacées de l'incendie et du saccagement, éloigner enfin un ennemi féroce des riches contrées de cette belle France, objet éternel de son ambition.

Mais puisqu'il faut parler au cœur et à l'esprit, abordons franchement la vérité; et pour que son divin flambeau puisse éclairer les incrédules, les hommes passionnés ou de mauvaise foi, les hommes trompés ou séduits, ces hommes surtout qui vivent dans les ténèbres et croyent aux fantômes, suivons la marche de l'astre du jour. Pour ménager notre faiblesse et nous faire supporter les rayons éblouissans du midi, il commence sa carrière par le crépuscule.

Qu'est-ce donc que le pouvoir? C'est l'autorité légale confiée à un seul sur tous; qu'est-ce donc qui constitue le droit du monarque? Est-ce la bonté, la douceur? non. Les vertus des princes doivent l'emporter sur celles de leurs sujets; et le monarque n'a de véritable puissance que par l'opinion, la confiance et le vœu du peuple. Qu'est-ce qui constitue la souveraineté? Est-ce la volonté de faire le bien? non : car, pour quelle ne soit pas stérile, il faut qu'elle se trouve réunie aux talens, au courage et à sa force ; et dans l'histoire des monarchies, la faiblesse des potentats en a fourni les pages les plus ensanglantées. Oui, de cette source, sortirent tous les crimes des rois et les calamités des nations. On ne peut donc régner sans le consentement de la nation, sans le bras de l'armée, sans cette force de caractère qui met l'homme au-dessus de l'homme ; et le diadème sera toujours chancelant s'il n'est placé sur une tête qui puisse en supporter le poids, s'il n'est sous la sauvegarde des braves.

Il faut donc qu'un grand peuple soit gouverné par un grand homme, ou qu'il soit exposé sans cesse à être rayé de la liste des nations ; car il ne faut plus se le dissimuler, les circonstances sont trop impérieuses : il ne s'agit de rien moins que d'éviter l'humiliation des fourches caudines. Il faut, oui il faut rester maîtres ou redevenir esclaves, lever encore une tête altière, ou la courber sous un joug honteux, résister aux prétentions exagérées de l'orgueil, ou leur sacrifier le bonheur de la postérité ; il faut s'armer, défendre ses propriétés ou les laisser dévorer par l'étranger.

Enfin, et puisque par un attentat inoui, contre les droits imprescriptibles des nations, un glaive sanglant est encore dirigé contre notre indépendance ; puisque sous le prétexte de nous donner un bon maître, un maître plein de douceur, et que, pour nous le faire accepter, les lions dévorateurs, les loups ravisseurs, les crocodilles, toujours avides de sang et de carnage, sont lachés contre nous, il faut aussi que le plus grand peuple de la terre, sous les ordres du plus habile et du plus vaillant capitaine du monde, sache vaincre ou mourir.

LAUGIER,

Ex-employé des impositions indirectes à Tours.

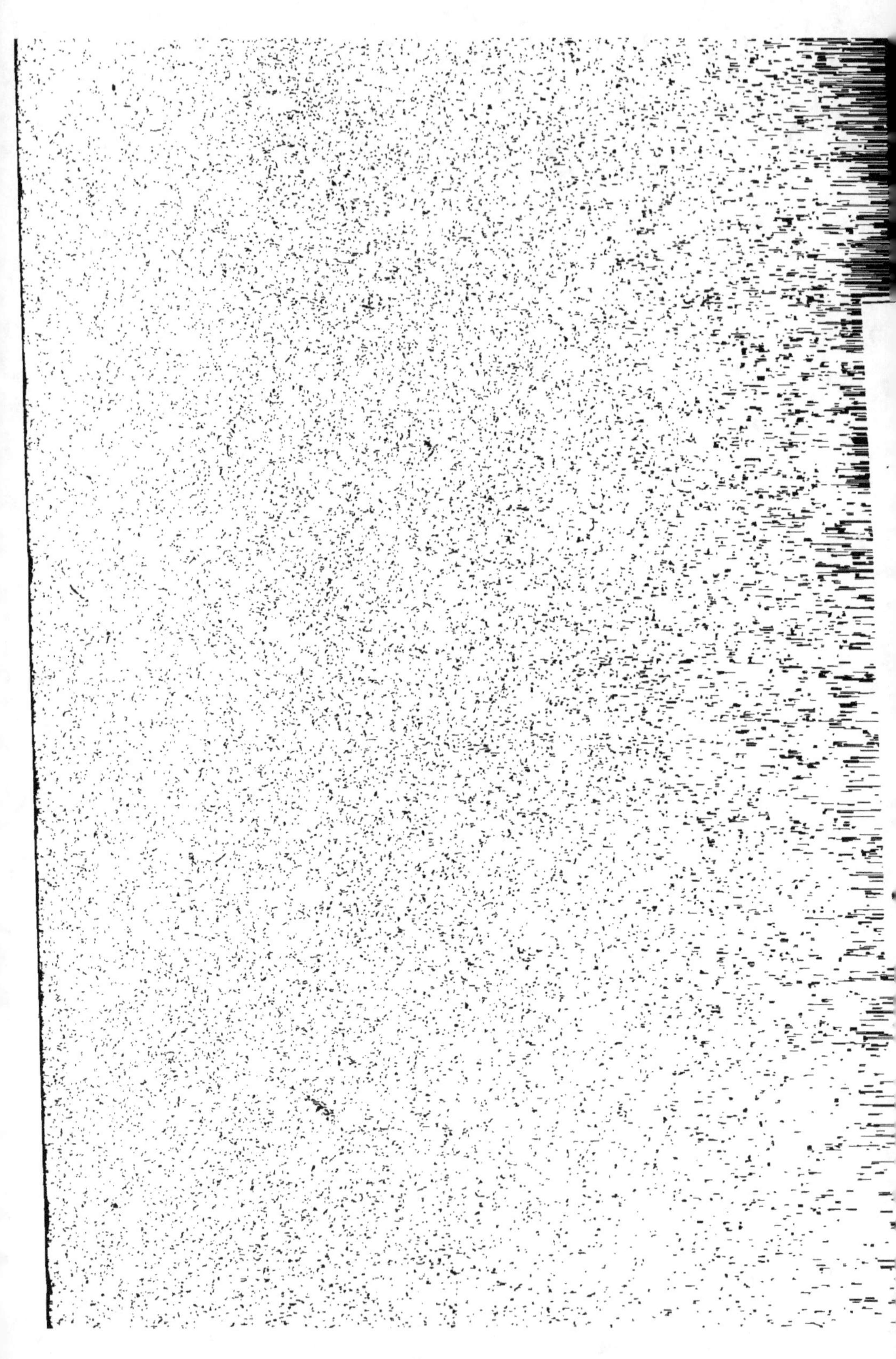